AF175807

Impressum
Verlag: BABADADA GmbH, Nedderfeld 112 , 22529 Hamburg
Geschäftsführer / Verlagsleitung: Harald Hof
Druck: Books on Demand GmbH, In de Tarpen 42, 22848 Norderstedt

Imprint
Publisher: BABADADA GmbH, Nedderfeld 112 , 22529 Hamburg, Germany
Managing Director / Publishing direction: Harald Hof
Print: Books on Demand GmbH, In de Tarpen 42, 22848 Norderstedt, Germany

la escuela
school

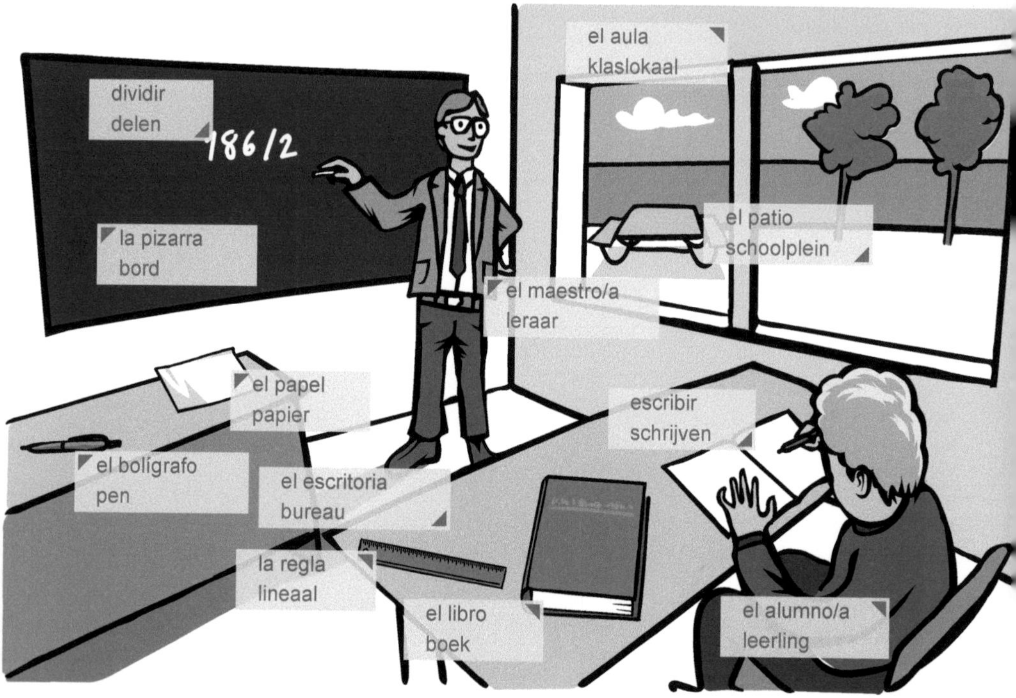

el aula
klaslokaal

dividir
delen

186/2

la pizarra
bord

el patio
schoolplein

el maestro/a
leraar

el papel
papier

escribir
schrijven

el bolígrafo
pen

el escritoria
bureau

la regla
lineaal

el libro
boek

el alumno/a
leerling

la cartera
schooltas

la caja de lápices
etui

el lápiz
potlood

el sacapuntas
puntenslijper

la goma de borrar
gum

el cuaderno de dibujo
schetsblok

el dibujo

tekening

el pincel

penseel

la caja de pinturas

verfdoos

las tijeras

schaar

el pegamento

lijm

el cuaderno de ejercicios

schrift

los deberes

huiswerk

12

el número

getal

2+2

sumar

optellen

5-2

restar

aftrekken

2×2

multiplicar

vermenigvuldigen

calcular

rekenen

A

la letra

letter

ABCDEFG
HIJKLMN
OPQRSTU
VWXYZ

el alfabeto

alfabet

hello

la palabra

woord

la escuela - school

3

el texto

tekst

leer

lezen

la tiza

krijt

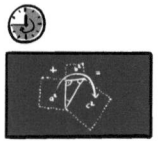

la lección

les

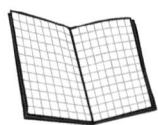

el cuaderno de notas

klassenboek

el examen

examen

el certificado

diploma

el uniforme

schooluniform

la educación

opleiding

la enciclopedia

encyclopedie

la universidad

universiteit

el microscopio

microscoop

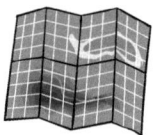

el mapa

kaart

la papelera

prullenmand

la escuela - school

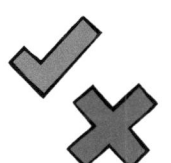

el viaje
reis

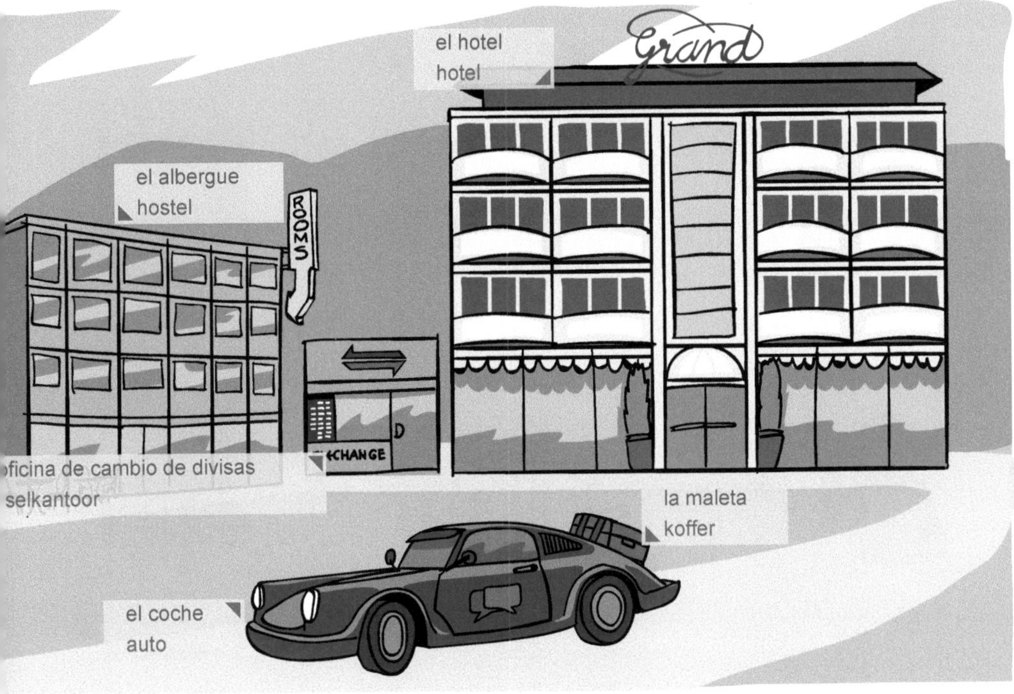
el hotel
hotel
Grand
el albergue
hostel
ROOMS
CHANGE
ficina de cambio de divisas
selkantoor
la maleta
koffer
el coche
auto

el idioma

taal

sí / no

ja / nee

Vale

oké

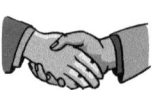

hola

Hallo!

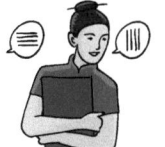

el traductor

tolk

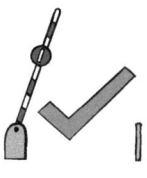

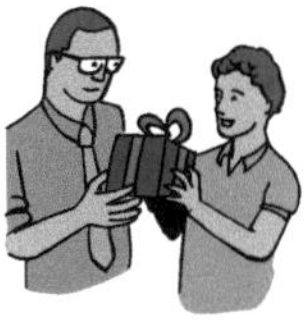

Gracias

Bedankt.

¿cuánto es...?

Wat kost ...?

No entiendo

Ik begrijp het niet.

el problema

probleem

¡Buenas tardes!

Goedenavond!

¡Buenos días!

Goedemorgen!

¡Buenas noches!

Goedenacht!

adiós

Tot ziens!

la dirección

richting

el equipaje

bagage

la bolsa

tas

la mochila

rugzak

el invitado

gast

la habitación

kamer

el saco de dormir

slaapzak

la tienda de campaña

tent

la información turística

VVV-kantoor

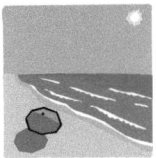

la playa

strand

la tarjeta de crédito

creditkaart

el desayuno

ontbijt

el almuerzo

lunch

la cena

diner

el billete

kaartje

el ascensor

lift

el sello

postzegel

la frontera

grens

la aduana

douane

la embajada

ambassade

la visa

visum

el pasaporte

paspoort

el viaje - reis

el transporte

transport

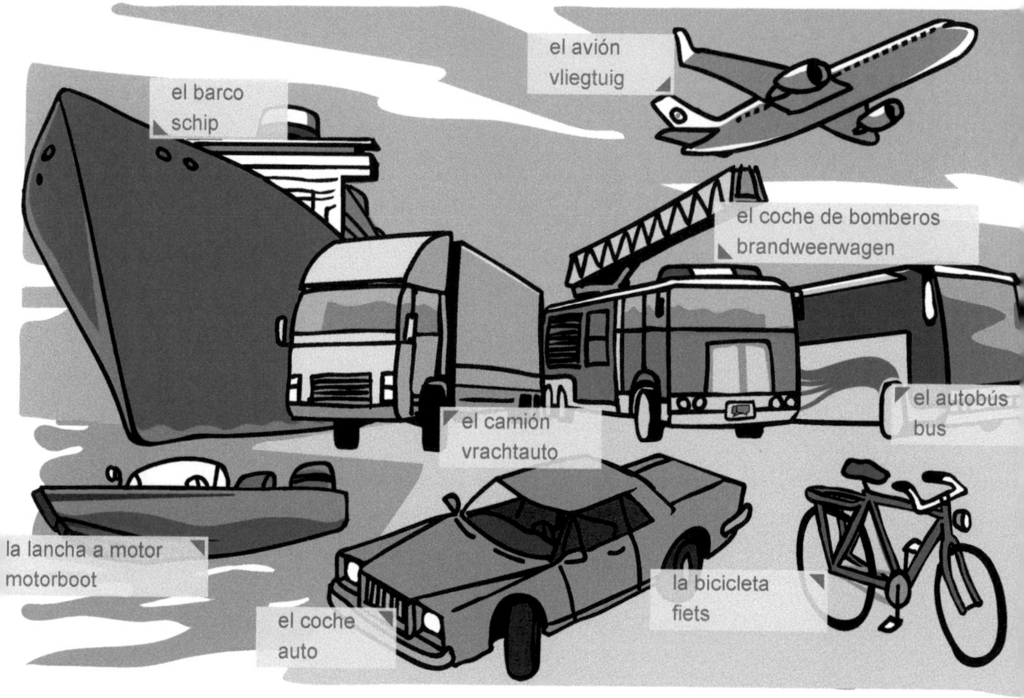
el avión
vliegtuig
el barco
schip
el coche de bomberos
brandweerwagen
el autobús
bus
el camión
vrachtauto
la lancha a motor
motorboot
la bicicleta
fiets
el coche
auto

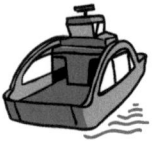

el transbordador
veerboot

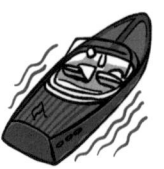

la barca
boot

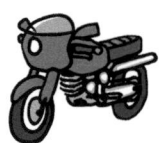

la moto
motorfiets

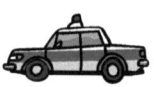

el coche de policía
politiewagen

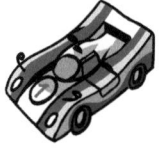

el coche de carreras
raceauto

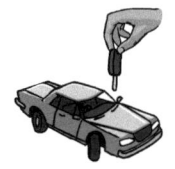

el coche de alquiler
huurauto

l préstamo de vehículos

carsharing

la grúa

takelwagen

el camión de la basura

vuilniswagen

el motor

motor

la gasolina

benzine

la gasolinera

benzinepomp

la señal de tráfico

verkeersbord

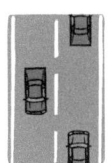

el tráfico

verkeer

el atasco

file

el aparcamiento

parkeerplaats

la estación de tren

station

las vías

rails

el tren

trein

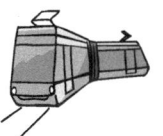

el tranvía

tram

el vagón

wagon

el helicóptero

helikopter

el aeropuerto

luchthaven

la torre

toren

el pasajero

passagier

el contenedor

container

la caja de cartón

verhuisdoos

la carretilla

kar

la cesta

mand

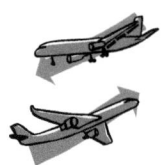

despegar / aterrizar

opstijgen / landen

la ciudad
stad

el pueblo

dorp

el centro de la ciudad

stadscentrum

la casa

huis

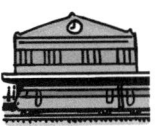

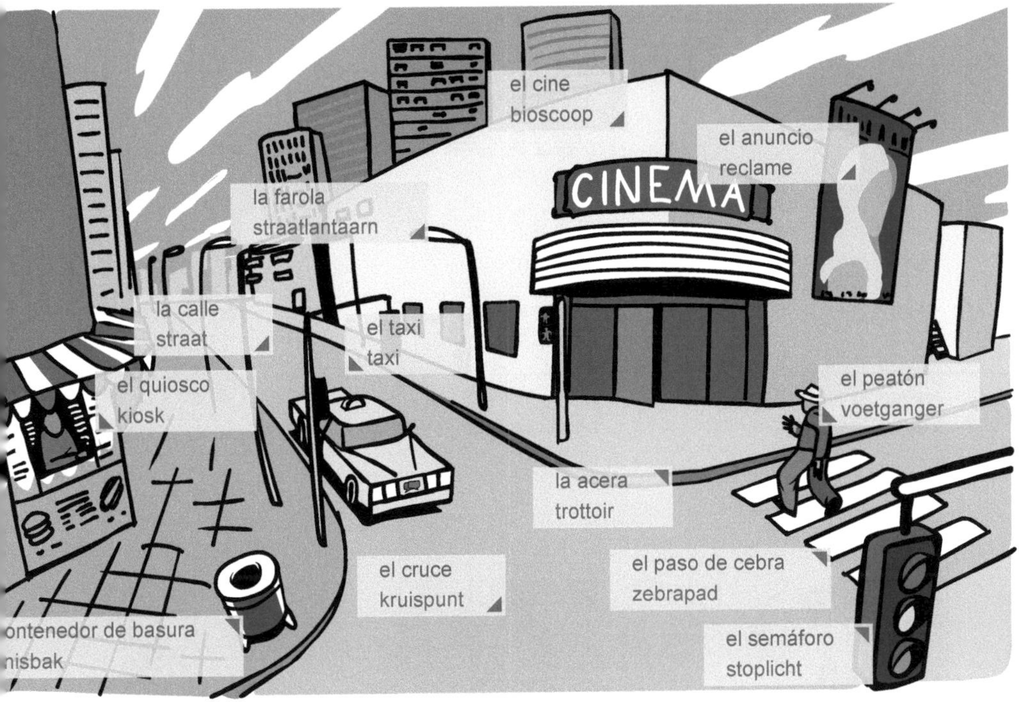
el cine
bioscoop
el anuncio
reclame
CINEMA
la farola
straatlantaarn
la calle
straat
el taxi
taxi
el quiosco
kiosk
el peatón
voetganger
la acera
trottoir
el cruce
kruispunt
el paso de cebra
zebrapad
ontenedor de basura
nisbak
el semáforo
stoplicht

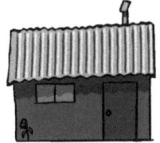

la cabaña

hut

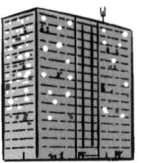

el apartamento

appartement

la estación de tren

station

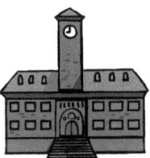

el ayuntamiento

stadhuis

MUSEUM

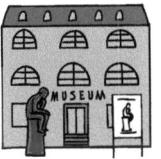

el museo

museum

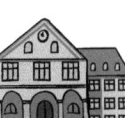

la escuela

school

la universidad

universiteit

el banco

bank

el hospital

ziekenhuis

el hotel

hotel

la farmacia

apotheek

la oficina

kantoor

la librería

boekenwinkel

la tienda de campaña

winkel

la floristería

bloemenwinkel

el supermercado

supermarkt

el mercado

markt

los grandes almacenes

warenhuis

la pescadería

visboer

el centro comercial

winkelcentrum

el puerto

haven

el parque

park

el banco

bank

el puente

brug

las escaleras

trap

el metro

metro

el túnel

tunnel

la parada de autobús

bushalte

el bar

bar

el restaurante

restaurant

el buzón

brievenbus

el poste indicador

straatnaambord

el parquímetro

parkeermeter

el zoo

dierentuin

la piscina

zwembad

la mezquita

moskee

la ciudad - stad

la granja
boerderij

la contaminación
vervuiling

el cementerio
begraafplaats

la iglesia
kerk

el patio de juego
speelplaats

el templo
tempel

el paisaje
landschap

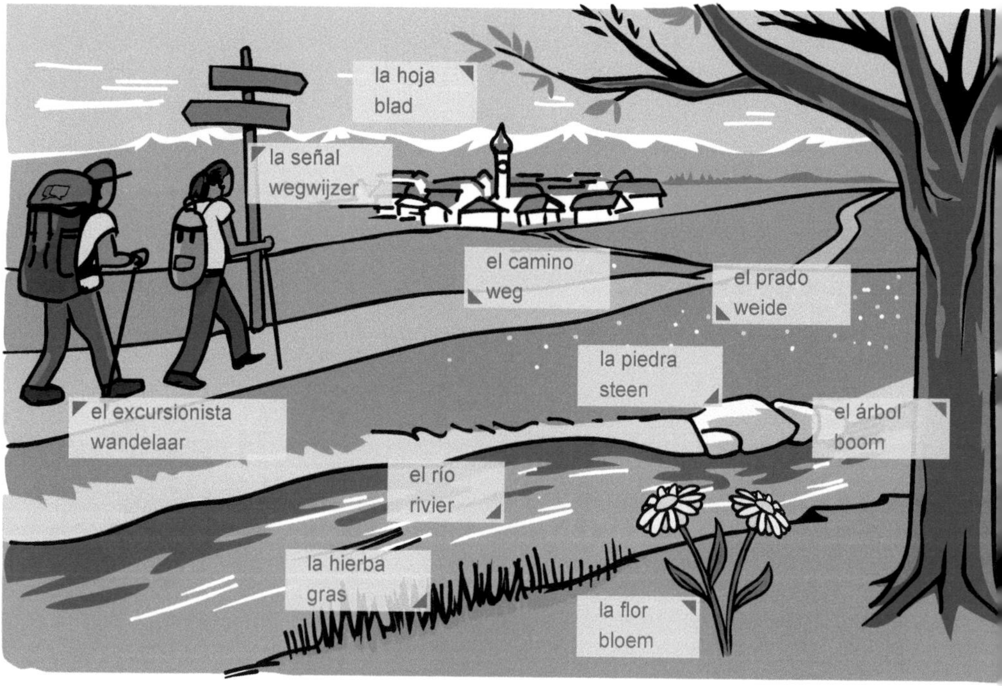

la hoja
blad

la señal
wegwijzer

el camino
weg

el prado
weide

la piedra
steen

el excursionista
wandelaar

el árbol
boom

el río
rivier

la hierba
gras

la flor
bloem

el valle

vallei

la colina

berg

el lago

meer

el bosque

bos

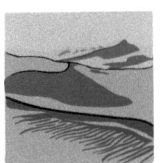

el desierto

woestijn

el volcán

vulkaan

el castillo

kasteel

el arcoíris

regenboog

el champiñón

paddenstoel

la palmera

palmboom

el mosquito

mug

la mosca

vlieg

la hormiga

mier

la abeja

bij

la araña

spin

el escarabajo

kever

la rana

kikker

la ardilla

eekhoorn

el erizo

egel

la liebre

haas

la lechuza

uil

el pájaro

vogel

el cisne

zwaan

el jabalí

wild zwijn

el ciervo

hert

el alce

eland

la presa

stuwdam

la turbina eólica

windmolen

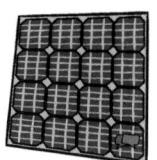

el panel solar

zonnepaneel

el clima

klimaat

el paisaje - landschap

el restaurante

restaurant

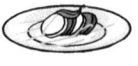

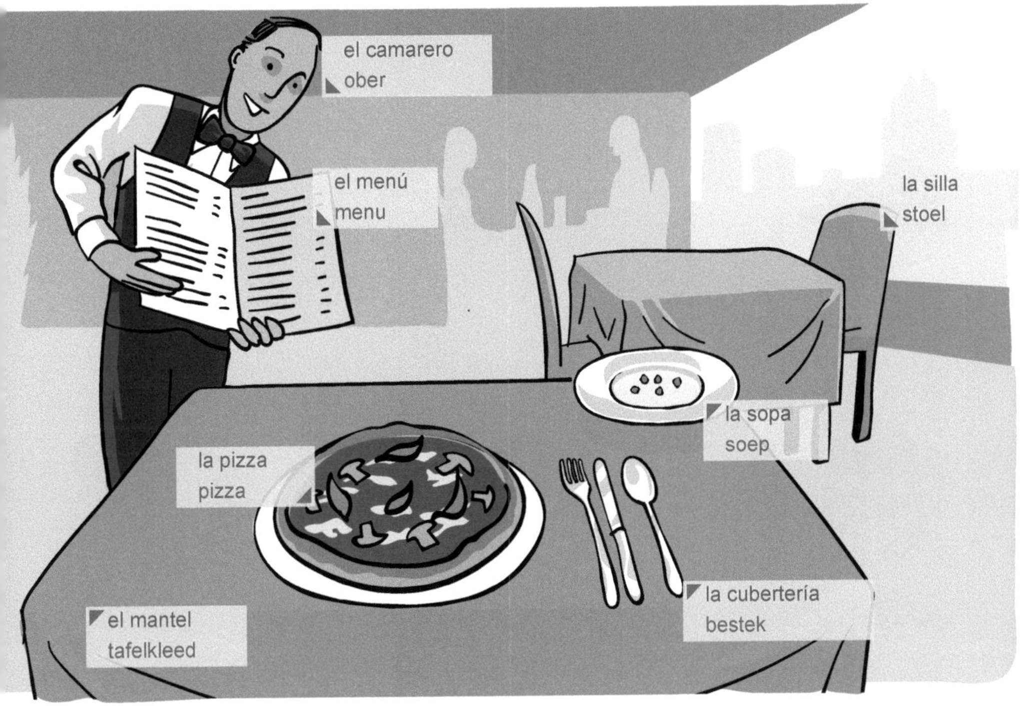
el camarero
ober
el menú
menu
la silla
stoel
la sopa
soep
la pizza
pizza
la cubertería
bestek
el mantel
tafelkleed

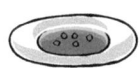

el primer plato

voorgerecht

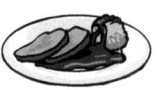

el plato principal

hoofdgerecht

el postre

toetje

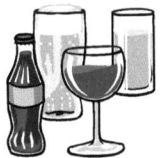

las bebidas

dranken

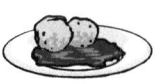

la comida

eten

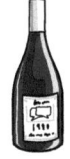

la botella

fles

la comida rápida

fastfood

la comida callejera

eetkraampje

la tetera

theepot

el azucarero

suikerpot

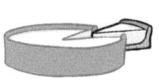

la porción

portie

la cafetera expreso

espressomachine

la trona

kinderstoel

la cuenta

rekening

la bandeja

dienblad

el cuchillo

mes

el tenedor

vork

la cuchara

lepel

la cucharilla

theelepel

la servilleta

servet

el vaso

glas

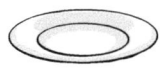

el plato

bord

el plato hondo

soepbord

el platillo

schotel

la salsa

saus

el salero

zoutvaatje

el molinillo de pimienta

pepermolen

el vinagre

azijn

el aceite

olie

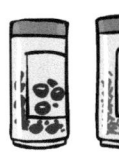

las especias

kruiden

el ketchup

ketchup

la mostaza

mosterd

la mayonesa

mayonaise

el supermercado
supermarkt

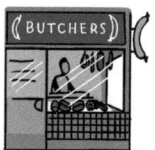

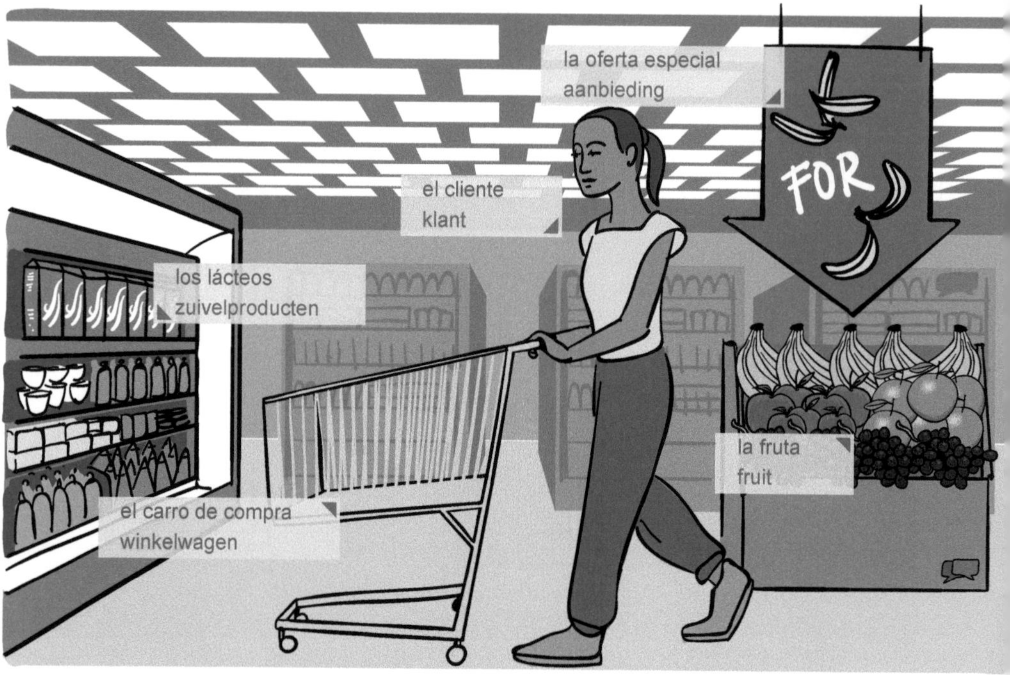
la oferta especial
aanbieding
FOR
el cliente
klant
los lácteos
zuivelproducten
la fruta
fruit
el carro de compra
winkelwagen

BUTCHERS

la carniceria

slager

BAKERY

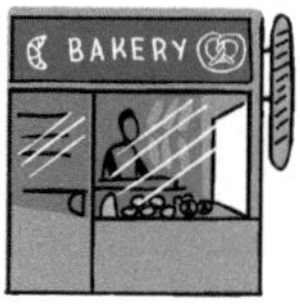

la panadería

bakkerij

pesar

wegen

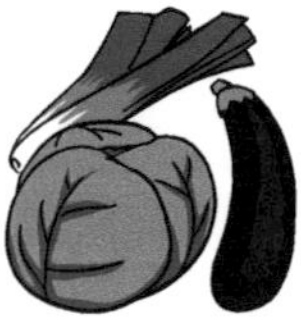

las verduras

groente

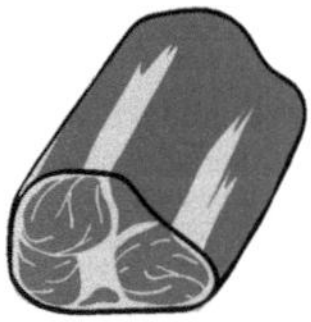

la carne

vlees

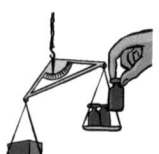

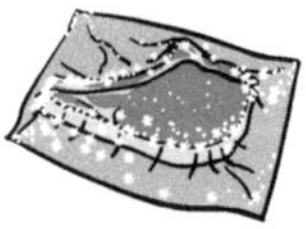

los alimentos congelados

diepvriesproducten

los fiambres
vleeswaren

las conservas
conserven

el detergente en polvo
wasmiddel

los dulces
snoepgoed

productos de uso doméstico
huishoudelijke artikelen

productos de limpieza
schoonmaakmiddel

la vendedora
verkoopster

la caja de cartón
kassa

el cajero
kassier

la lista de la compra
boodschappenlijstje

el horario de atención al público
openingstijden

la cartera
portefeuille

la tarjeta de crédito
creditkaart

la bolsa de plástico
tas

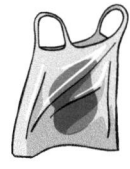
la bolsa de plástico
plastic zak

las bebidas
dranken

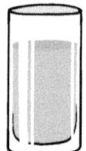

el agua

water

el zumo

sap

la leche

melk

la cola

cola

el vino

wijn

la cerveza

bier

el alcohol

alcohol

el cacao

chocolademelk

el té

thee

el café

koffie

el expreso

espresso

el capuchino

cappuccino

el plátano

banaan

la manzana

appel

la naranja

sinaasappel

el melón

watermeloen

el limón

citroen

la zanahoria

wortel

el ajo

knoflook

el bambú

bamboe

la cebolla

ui

el champiñón

paddenstoel

las avellanas

noten

los fideos

pasta

las espagueti

spaghetti

el arroz

rijst

la ensalada

salade

las patatas fritas

friet

las patatas fritas

gebakken aardappelen

la pizza

pizza

la hamburguesa

hamburger

el sándwich

sandwich

el filete

schnitzel

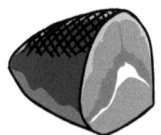

el jamón

ham

le salami

salami

la salchicha

worst

el pollo

kip

el asado

gebraad

el pescado

vis

los copos de avena

havermout

el muesli

muesli

los copos de maíz

cornflakes

la harina

meel

el cruasán

croissant

el panecillo

broodjes

el pan

brood

la tostada

toast

las galletas

koekjes

la mantequilla

boter

la cuajada

kwark

el pastel

taart

el huevo

ei

el huevo frito

gebakken ei

el queso

kaas

el helado

ijs

el azúcar

suiker

la miel

honing

la mermelada

jam

la crema de turrón

chocoladepasta

el curry

kerrie

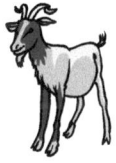

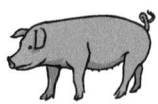

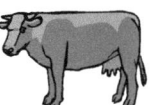

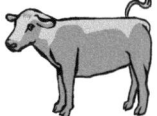

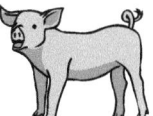

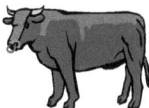

la granja
boerderij

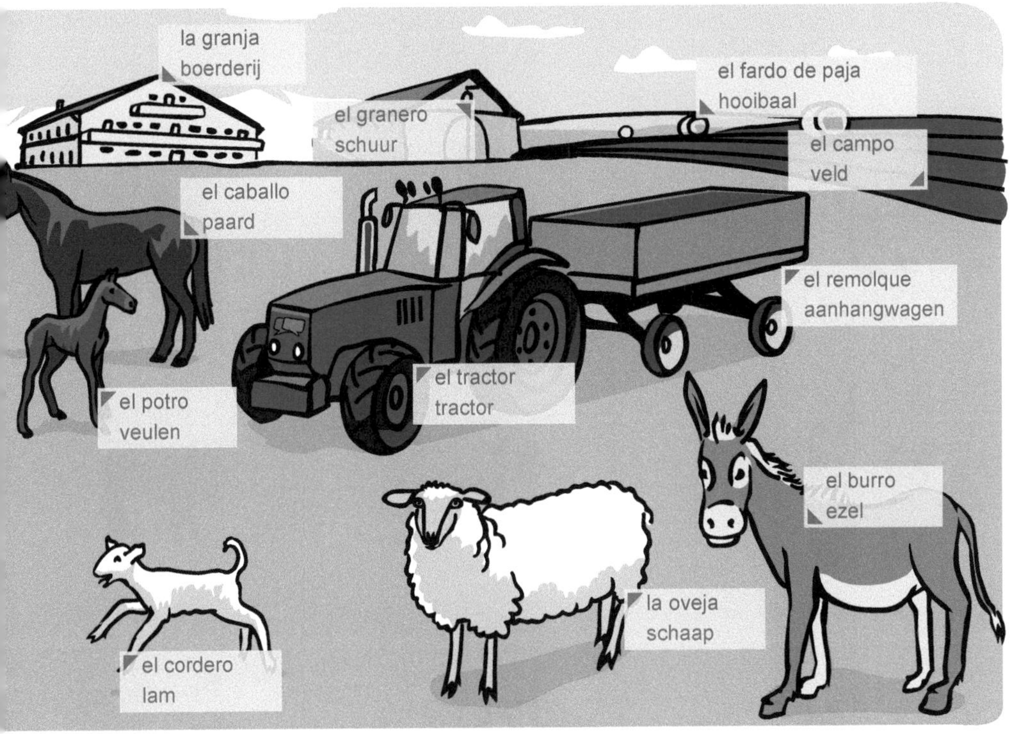
la granja
boerderij
el granero
schuur
el fardo de paja
hooibaal
el campo
veld
el caballo
paard
el remolque
aanhangwagen
el potro
veulen
el tractor
tractor
el burro
ezel
la oveja
schaap
el cordero
lam

la cabra

geit

la vaca

koe

el ternero

kalf

el cerdo

varken

el cerdito

big

el toro

stier

el ganso
gans

el pato
eend

el pollo
kuiken

la gallina
kip

el gallo
haan

la rata
rat

el gato
kat

el ratón
muis

el buey
os

el perro
hond

la perrera
hondenhok

la manguera
tuinslang

la regadera
gieter

la guadaña
zeis

el arado
ploeg

la hoz

sikkel

la azada

schoffel

la horca

hooivork

el hacha

bijl

la carretilla

kruiwagen

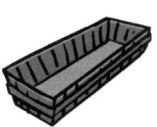

el abrevadero

trog

la lechera

melkbus

el saco

zak

la valla

hek

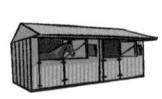

el establo

stal

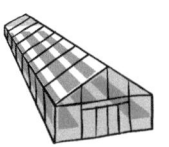

el invernadero

broeikas

el suelo

grond

la semilla

zaad

el fertilizador

mest

la cosechadora

maaidorser

cosechar

oogsten

la cosecha

oogst

el ñame

yam

el trigo

tarwe

el soja

soja

la patata

aardappel

el maíz

maïs

la semilla de colza

koolzaad

el árbol frutal

fruitboom

la mandioca

maniok

las cereales

granen

la chimenea
schoorsteen

el tejado
dak

el canalón
regenpijp

la ventana
raam

el garaje
garage

el timbre
deurbel

la puerta
deur

el cubo de basura
prullenbak

el buzón
brievenbus

el jardín
tuin

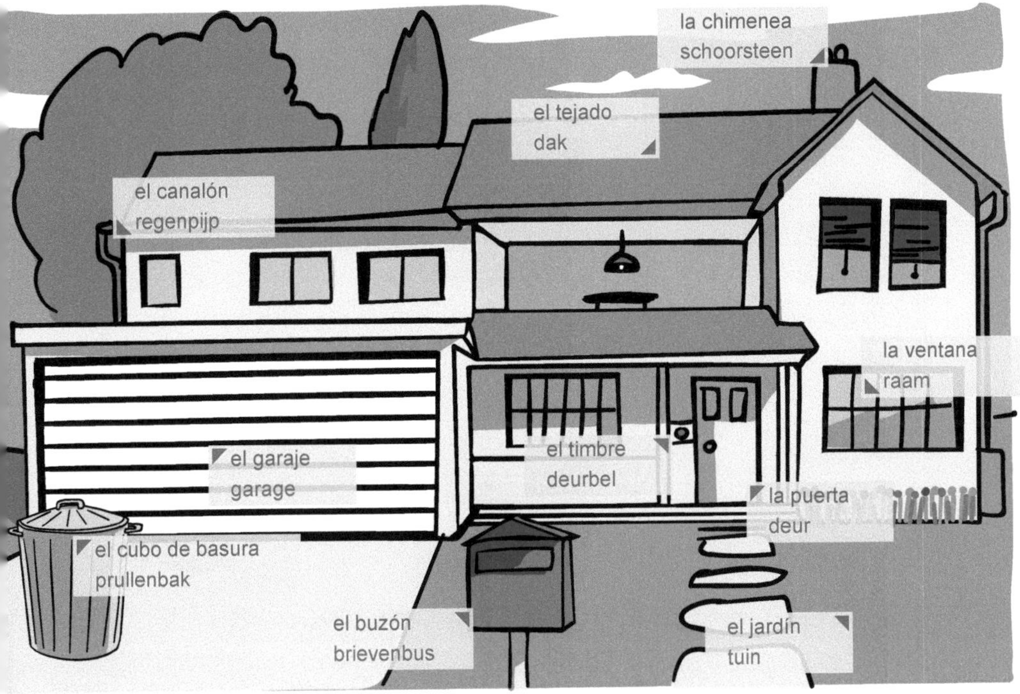

la sala
woonkamer

el cuarto de baño
badkamer

la cocina
keuken

el dormitorio
slaapkamer

la habitación de los niños
kinderkamer

el comedor
eetkamer

la casa - huis

31

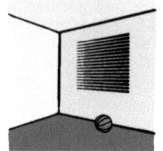

el suelo
vloer

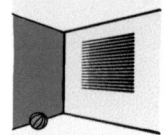

la pared
muur

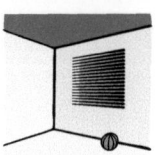

el techo
plafond

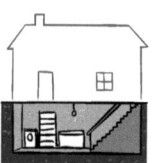

el sótano
kelder

la sauna
sauna

el balcón
balkon

la terraza
terras

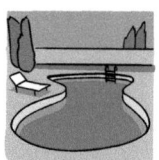

la piscina
zwembad

el cortacésped
grasmaaier

la sábana
laken

la colcha
bedsprei

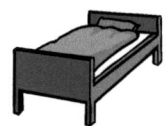

la cama
bed

la escoba
bezem

el balde
emmer

el interruptor
schakelaar

la sala
woonkamer

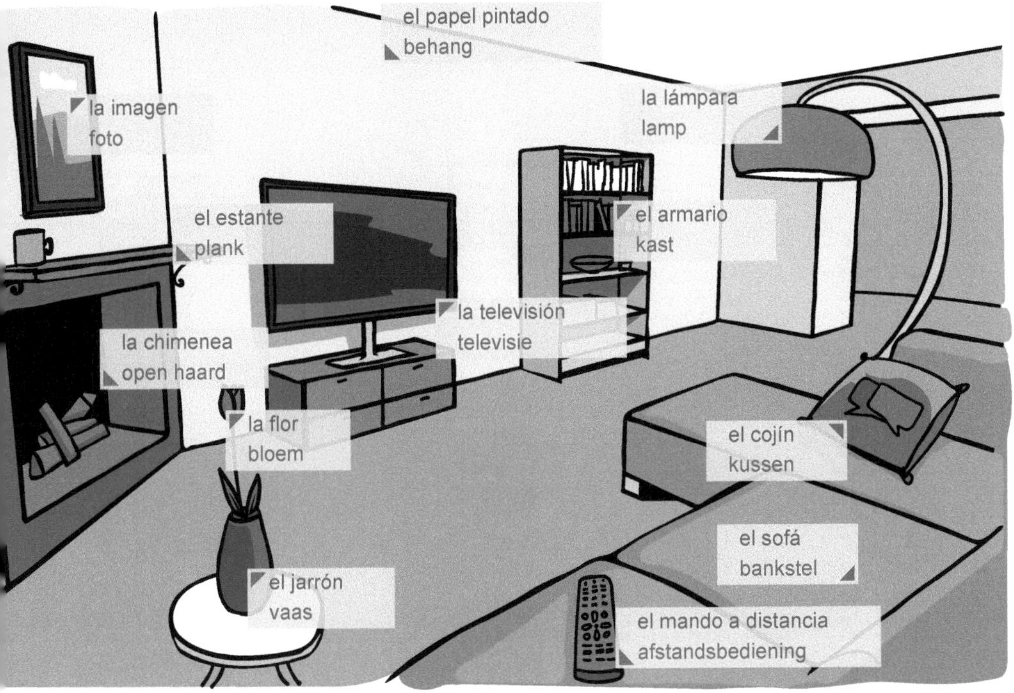
el papel pintado
behang
la imagen
foto
la lámpara
lamp
el estante
plank
el armario
kast
la televisión
televisie
la chimenea
open haard
la flor
bloem
el cojín
kussen
el sofá
bankstel
el jarrón
vaas
el mando a distancia
afstandsbediening

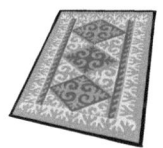

la alfombra
tapijt

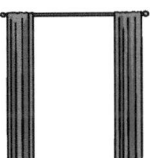

la cortina
gordijn

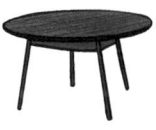

la mesa
tafel

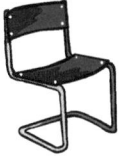

la silla
stoel

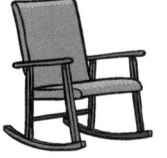

el mecedora
schommelstoel

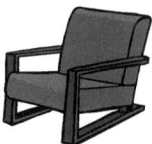

la butaca
stoel

el libro

boek

la manta

deken

la decoración

decoratie

la leña

brandhout

la película

film

el equipo de música

stereo-installatie

la llave

sleutel

el periódico

krant

la pintura

schilderij

el póster

poster

la radio

radio

el cuaderno

kladblok

la aspiradora

stofzuiger

el cactus

cactus

la vela

kaars

la cocina
keuken

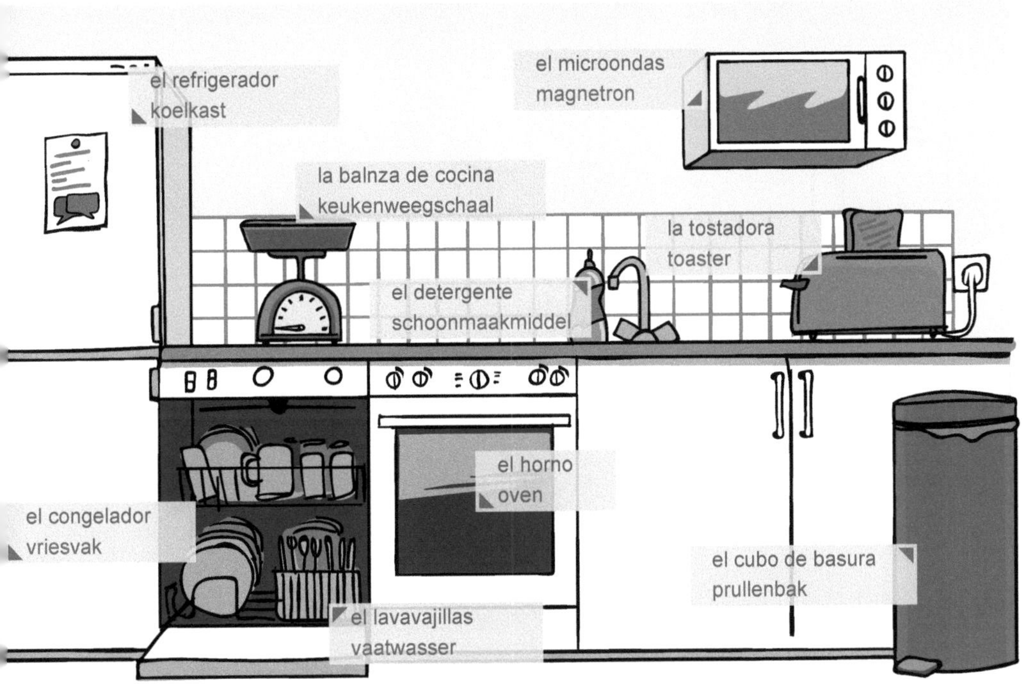

el refrigerador
koelkast
el microondas
magnetron
la balnza de cocina
keukenweegschaal
la tostadora
toaster
el detergente
schoonmaakmiddel
el horno
oven
el congelador
vriesvak
el cubo de basura
prullenbak
el lavavajillas
vaatwasser

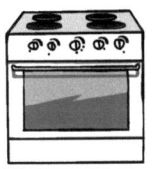

la olla a presión

fornuis

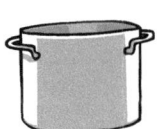

la olla

pan

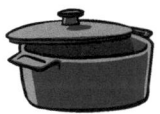

la olla de hierro fundido

gietijzeren pan

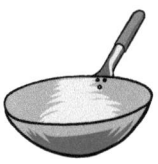

el wok

wok / kadai

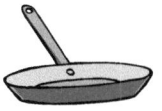

la cazuela

koekenpan

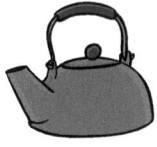

el hervidor

ketel

la vaporera

stoomkoker

la chapa de horno

bakplaat

la vajilla

servies

la taza

beker

el tazón

kom

los palillos

eetstokjes

el cucharón

soeplepel

la espumadera

spatel

el batidor

garde

el colador

vergiet

el cedazo

zeef

el rallador

rasp

el mortero

vijzel

la barbacoa

barbecue

la hoguera

vuurhaard

la tabla de picar
snijplank

el rodillo
deegroller

el sacacorchos
kurkentrekker

la lata
blik

el abrelatas
blikopener

el agarrador
pannenlap

el lavabo
wasbak

el cepillo
borstel

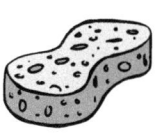
la esponja
spons

la batidora
blender

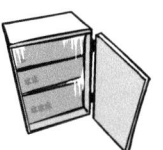
el congelador
vriezer

el biberón
babyflesje

el grifo
kraan

el cuarto de baño
badkamer

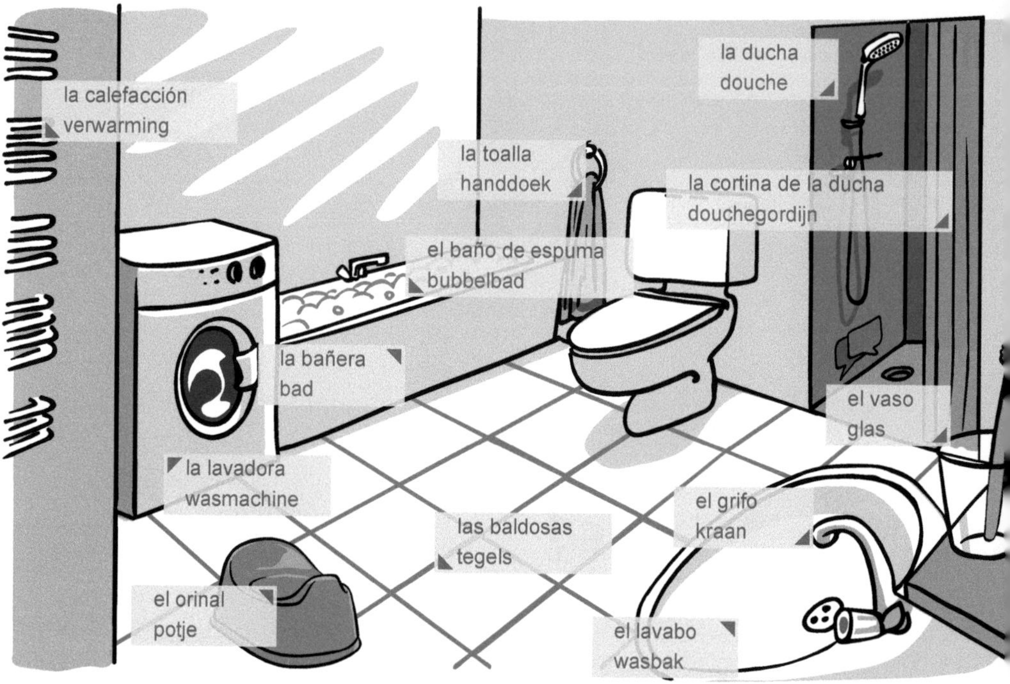

la calefacción
verwarming

la ducha
douche

la toalla
handdoek

la cortina de la ducha
douchegordijn

el baño de espuma
bubbelbad

la bañera
bad

el vaso
glas

la lavadora
wasmachine

las baldosas
tegels

el grifo
kraan

el orinal
potje

el lavabo
wasbak

el inodoro
toilet

el inodoro rústico
hurktoilet

el bidé
bidet

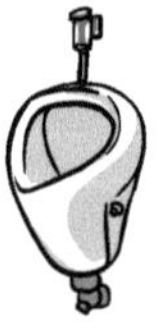

el urinario
urinoir

el papel higiénico
toiletpapier

la escobilla del váter
toiletborstel

el cepillo de dientes

tandenborstel

la pasta de dientes

tandpasta

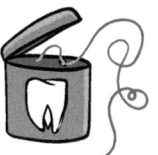

el hilo dental

flosdraad

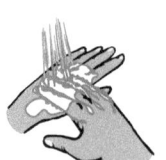

lavar

wassen

la ducha de mano

handdouche

la ducha íntima

toiletdouche

la pila

waskom

el cepillo de espalda

rugborstel

el jabón

zeep

el gel de ducha

douchegel

el champú

shampoo

la toallita

washanje

el desagüe

afvoer

la crema

creme

el desodorante

deodorant

el espejo

spiegel

el espejo de tocador

make-upspiegel

la maquinilla de afeitar

scheermes

la espuma de afeitar

scheerschuim

la loción postafeitado

aftershave

el peine

kam

el cepillo

borstel

el secador

haardroger

la laca

haarspray

el maquillaje

make-up

el pintalabios

lippenstift

el pintauñas

nagellak

el algodón

watten

el cortauñas

nagelschaartje

el perfume

parfum

el estuche de viaje

toilettas

la banqueta

kruk

la balanza

weegschaal

el albornoz

badjas

los guantes de goma

rubber handschoenen

el tampón

tampon

la compresa

maandverband

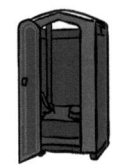

el inodoro químico

chemisch toilet

la habitación de los niños
kinderkamer

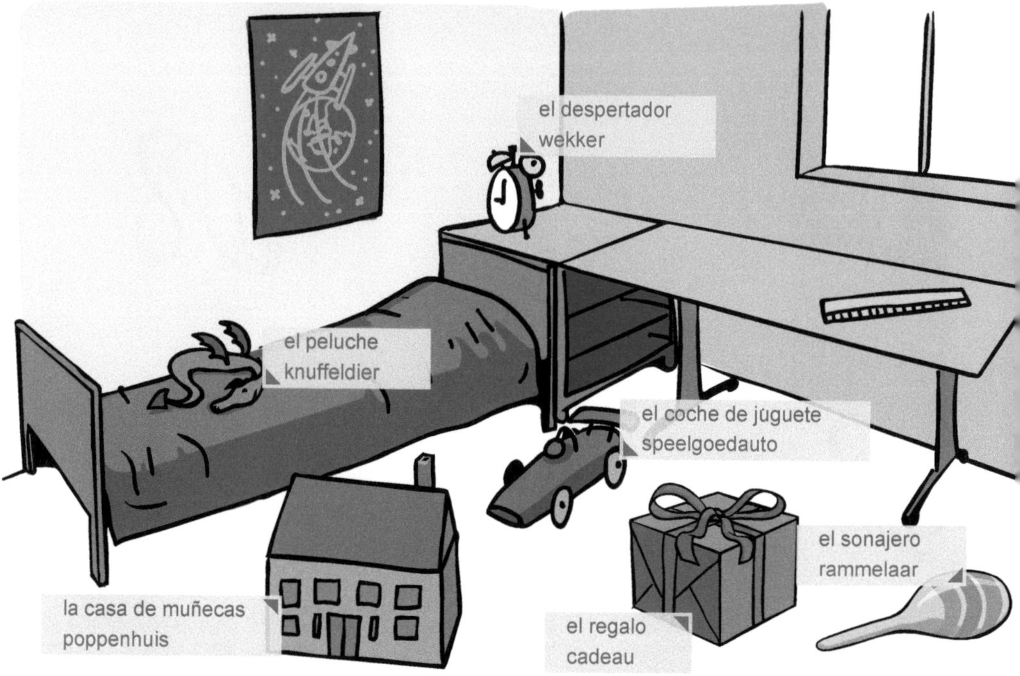

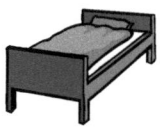

el despertador
wekker

el peluche
knuffeldier

el coche de juguete
speelgoedauto

la casa de muñecas
poppenhuis

el regalo
cadeau

el sonajero
rammelaar

el globo
ballon

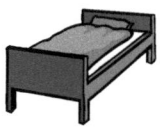

la cama
bed

el coche de niño
kinderwagen

los naipes
kaartspel

el puzle
puzzel

el tebeo
stripverhaal

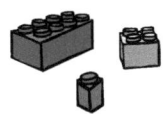

las piezas de lego

legostenen

los bloques de juguete

speelgoedblokken

la figura de acción

actiefiguurtje

el bodi (de bebé)

romper

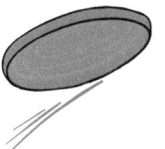

el frisbee

frisbee

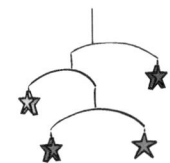

el colgador móvil para bebés

mobile

el juego de mesa

bordspel

los dados

dobbelsteen

el circuito de tren eléctrico

modeltrein

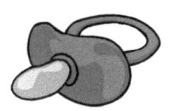

el maniquí

speen

la fiesta

feestje

el álbum de fotos

prentenboek

la pelota

bal

la muñeca

pop

jugar

spelen

la habitación de los niños - kinderkamer

43

el cajón de arena
zandbak

el columpio
schommel

los juguetes
speelgoed

la videoconsola
spelcomputer

el triciclo
driewieler

el oso de peluche
teddybeer

la guardarropa
kleerkast

la ropa
kleding

los calcetines
sokken

las medias
kousen

los leotardos
panty

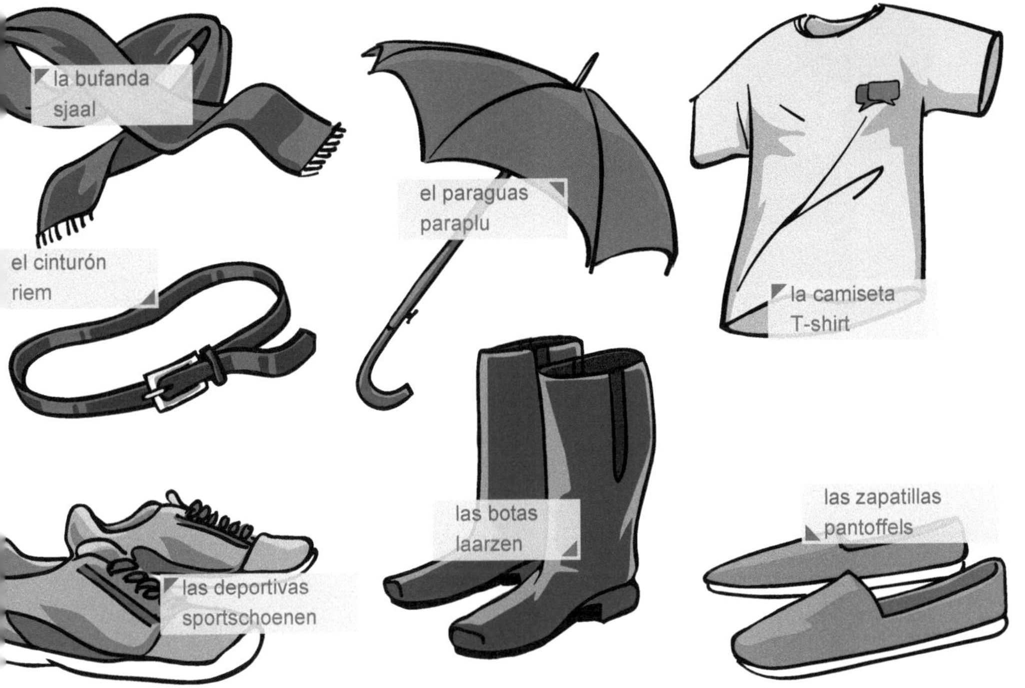

la bufanda
sjaal

el paraguas
paraplu

la camiseta
T-shirt

el cinturón
riem

las botas
laarzen

las zapatillas
pantoffels

las deportivas
sportschoenen

las sandalias
sandalen

los zapatos
schoenen

las botas de goma
rubberlaarzen

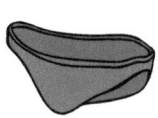
el slip
onderbroek

el sostén
beha

el chaleco
onderhemd

la ropa - kleding

45

el bodi

body

los pantalones cortos

broek

los vaqueros

spijkerbroek

la falda

rok

la blusa

blouse

la camisa

overhemd

el jersey

trui

el suéter

hoody

el blazer

blazer

la chaqueta

jas

el abrigo

mantel

la gabardina

regenjas

el traje

kostuum

el vestido

jurk

el vestido de novia

trouwjurk

la ropa - kleding

el traje

pak

el camisón

nachthemd

el pijama

pyjama

el sati

sari

el bandana

hoofddoek

el turbante

tulband

la burka

boerka

el caftán

kaftan

la abaya

abaja

el traje de baño

zwempak

el bañador

zwembroek

los pantalones cortos

korte broek

el chándal

trainingspak

el delantal

schort

los guantes

handschoenen

la ropa - kleding

el botón

knoop

las gafas

bril

el brazalete

armband

el collar

ketting

el anillo

ring

el pendiente

oorbel

la gorra

pet

la percha

kledinghanger

el sombrero

hoed

la corbata

stropdas

la cremallera

rits

el casco

helm

los tirantes

bretels

el uniforme

schooluniform

el uniforme

uniform

el babero

slabbetje

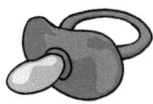

el maniquí

speen

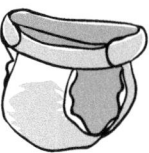

el pañal

luier

la oficina
kantoor

el servidor
server

el archivo
archiefkast

la impresora
printer

el papel
papier

el monitor
beeldscherm

el escritoria
bureau

el ratón
muis

la carpeta
map

el teclado
toetsenbord

la papelera
prullenmand

la silla
stoel

el ordenador
computer

la taza de café

koffiemok

la calculadora

rekenmachine

el internet

internet

la oficina - kantoor

49

el portátil
laptop

la carta
brief

el mensaje
bericht

el móvil
mobiele telefoon

la red
netwerk

la fotocopiadora
kopieermachine

el software
software

el teléfono
telefoon

la toma de corriente
stopcontact

el fax
fax

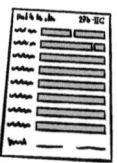

el formulario
formulier

el documento
document

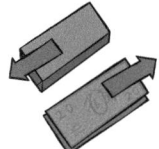

comprar

kopen

pagar

betalen

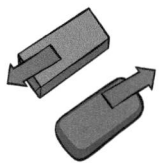

comerciar

handel drijven

el dinero

geld

el dólar

dollar

el euro

euro

el yen

yen

el rublo

roebel

el franco suizo

Zwitserse frank

el renminbi yuan

renminbi yuan

la rupia

roepie

el cajero automático

geldautomaat

la oficina de cambio de divisas
wisselkantoor

el oro
goud

la plata
zilver

el petróleo
olie

la energía
energie

el precio
prijs

el contrato
contract

el impuesto
belasting

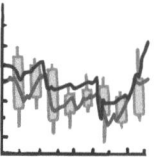

la acción
aandeel

trabajar
werken

el empleador
werknemer

el empleador
werkgever

la fábrica
fabriek

la tienda de campaña
winkel

el agente de policía
politieagent

el bombero
brandweerman

el cocinero
kok

el médico
dokter

el piloto
piloot

el jardinero

tuinman

el carpintero

timmerman

la costurera

naaister

el juez

rechter

el farmacéutico

scheikundige

el actor

toneelspeler

el conductor de autobús

buschauffeur

el taxista

taxichauffeur

el pescador

visser

la señora de la limpieza

schoonmaakster

el techador

dakdekker

el camarero

ober

el cazador

jager

el pintor

schilder

el panadero

bakker

el electricista

elektricien

el obrero

bouwvakker

el ingeniero

ingenieur

el carnicero

slager

el fontanero

loodgieter

el cartero

postbode

el soldado

soldaat

el arquitecto

architect

el cajero

kassier

el florista

bloemist

el peluquero

kapper

el revisor

conducteur

el mecánico

monteur

el capitán

kapitein

el dentista

tandarts

el científico

wetenschapper

el rabino

rabbi

el imán

imam

el monje

monnik

el sacerdote

pastoor

las herramientas
gereedschap

el martillo
hamer

los alicates
tang

el destornillador
schroevendraaier

la llave
moersleutel

la linterna
zaklamp

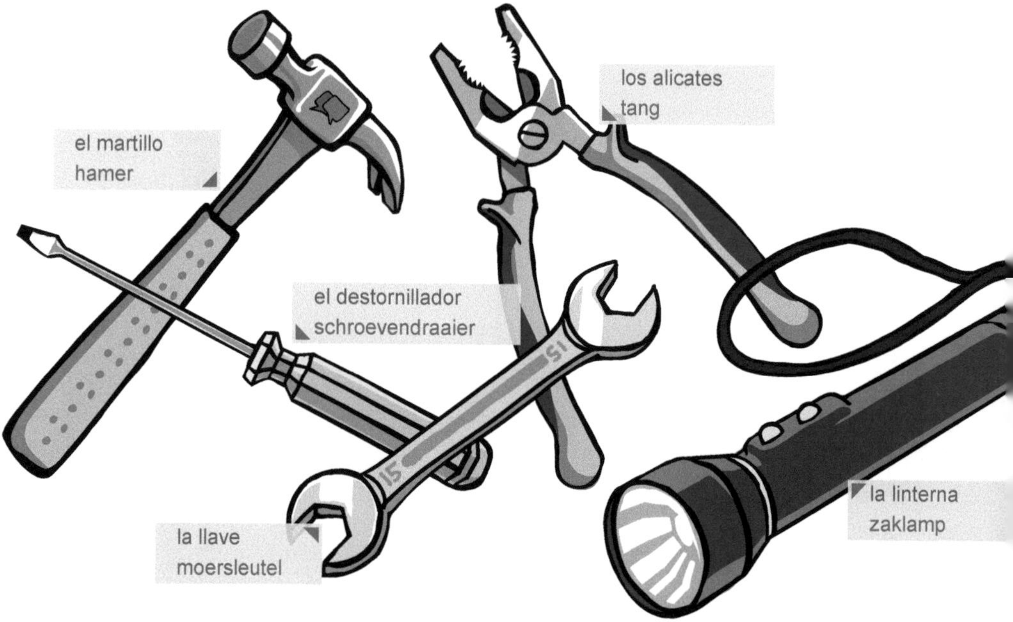

la excavadora

graafmachine

la caja de herramientas

gereedschapskist

la escalera de mano

ladder

la sierra

zaag

los clavos

spijkers

el taladro

boor

reparar

repareren

la pala

schep

¡Maldita sea!

Verdorie!

el recogedor

stofblik

el bote de pintura

verfpot

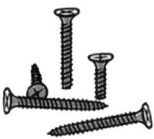

los tornillos

schroeven

los instrumentos musicales

muziekinstrumenten

el altavoz
luidspreker

la batería
drumstel

la guitarra
gitaar

el contrabajo
contrabas

la trompeta
trompet

el piano
piano

el violín
viool

bajo
bas

los timbales
pauk

el tambor
trommel

el teclado
keyboard

el saxofón
saxofoon

la flauta
fluit

el micrófono
microfoon

el zoo
dierentuin

la entrada
ingang

el tigre
tijger

la jaula
kooi

la cebra
zebra

el pienso
dierenvoer

el panda
panda

los animales
dieren

el elefante
olifant

el canguro
kangoeroe

el rinoceronte
neushoorn

el gorila
gorilla

el oso
beer

el camello

kameel

el avestruz

struisvogel

el león

leeuw

el mono

aap

el flamingo

flamingo

el loro

papegaai

el oso polar

ijsbeer

el pingüino

pinguïn

el tiburón

haai

el pavo real

pauw

la serpiente

slang

el cocodrilo

krokodil

el guardián de zoológico

dierenverzorger

la foca

zeehond

el jaguar

jaguar

el zoo - dierentuin

el poni
pony

el leopardo
luipaard

el hipopótamo
nijlpaard

la jirafa
giraffe

el águila
adelaar

el jabalí
wild zwijn

el pescado
vis

la tortuga
schildpad

la morsa
walrus

el zorro
vos

la gacela
gazelle

los deportes
sport

el fútbol americano
American football

el ciclismo
wielrennen

el tenis
tennis

el baloncesto
basketbal

la natación
zwemmen

el boxeo
boksen

el hockey sobre hielo
ijshockey

el fútbol
voetbal

el bádminton
badminton

el atletismo
atletiek

el balonmano
handbal

el esquí
skiën

el polo
polo

las actividades
activiteiten

reír
lachen

saltar
springen

abrazar
knuffelen

caminar
lopen

cantar
zingen

soñar
dromen

rezar
bidden

besar
kussen

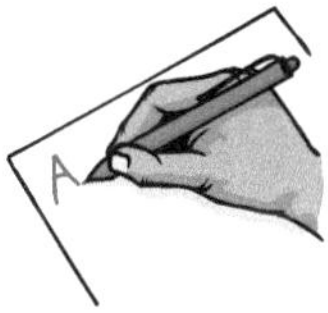

escribir
schrijven

dibujar
tekenen

mostrar
tonen

empujar
duwen

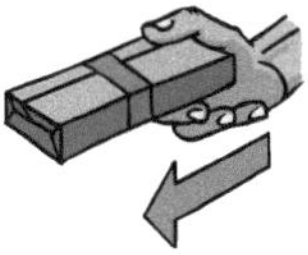

dar
geven

tomar
oppakken

las actividades - activiteiten

tener

hebben

hacer

doen

ser

zijn

estar de pie

staan

correr

rennen

tirar

trekken

tirar

gooien

caer

vallen

yacer

liggen

esperar

wachten

llevar

dragen

estar sentado

zitten

vestirse

aankleden

dormir

slapen

despertar

wakker worden

mirar

bekijken

llorar

huilen

acariciar

strelen

peinar

kammen

hablar

praten

entender

begrijpen

preguntar

vragen

escuchar

horen

beber

drinken

comer

eten

ordenar

opruimen

amar

houden van

cocinar

koken

conducir

rijden

volar

vliegen

navegar

zeilen

calcular

rekenen

leer

lezen

aprender

leren

trabajar

werken

casarse

trouwen

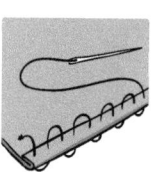

coser

naaien

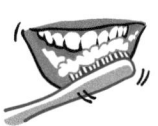

cepillarse los dientes

tandenpoetsen

matar

doden

fumar

roken

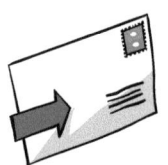

enviar

verzenden

las actividades - activiteiten

la familia
familie

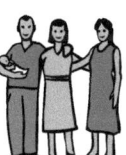

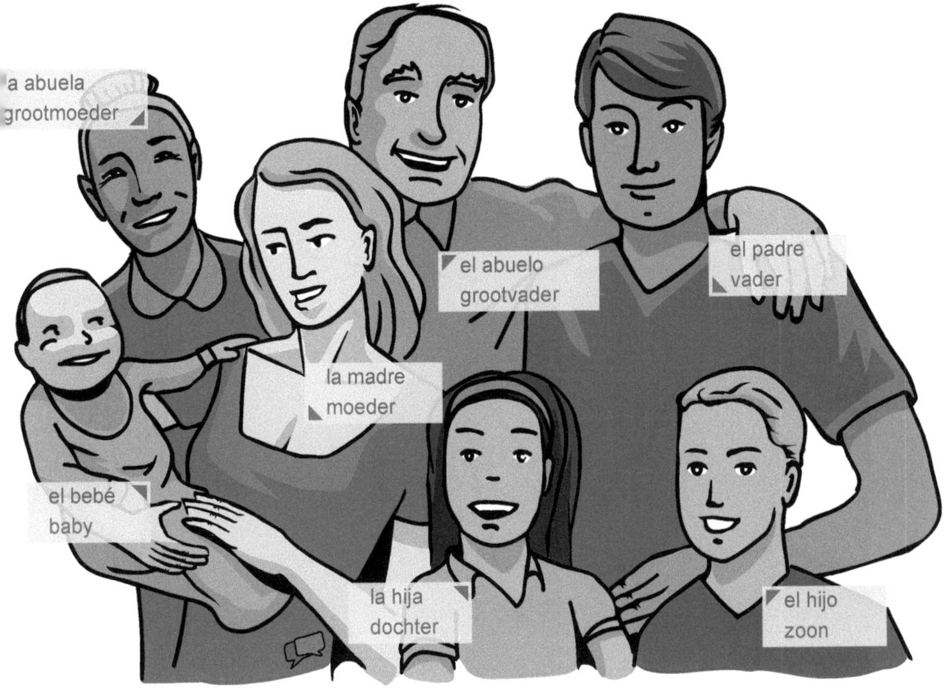
la abuela
grootmoeder
el abuelo
grootvader
el padre
vader
la madre
moeder
el bebé
baby
la hija
dochter
el hijo
zoon

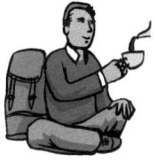

el invitado

gast

la tía

tante

el tío

oom

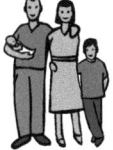

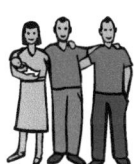

el hermano

broer

la hermana

zus

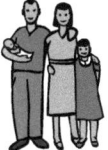

el cuerpo
lichaam

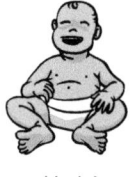

la frente
voorhoofd
el ojo
oog
el hombro
schouder
el dedo
vinger
la cara
gezicht
la barbilla
kin
la mano
hand
el pecho
borst
la pierna
been
el brazo
arm

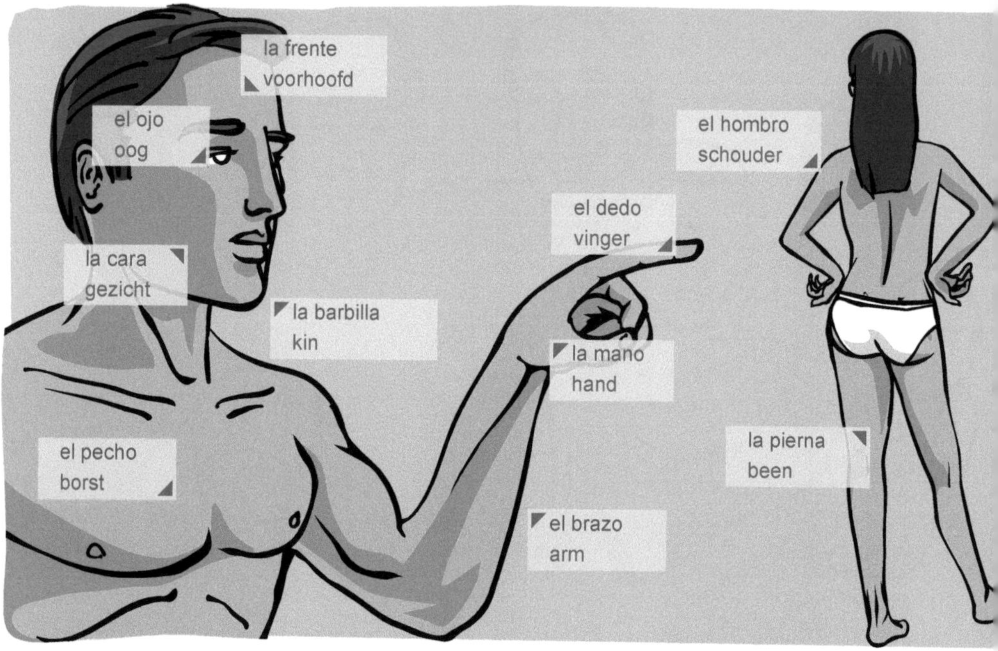

el bebé

baby

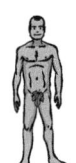

el hombre

man

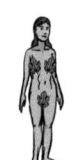

la mujer

vrouw

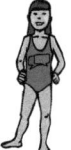

la chica

meisje

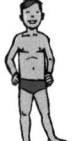

el chico

jongen

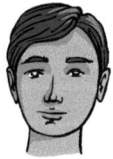

la cabeza

hoofd

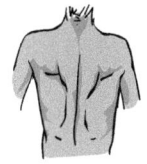

la espalda

rug

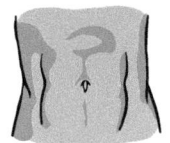

el vientre

buik

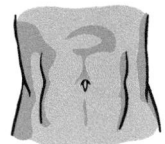

el ombligo

navel

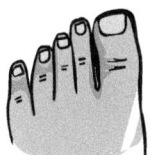

el dedo del pie

teen

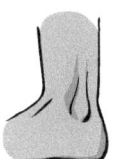

el talón

hiel

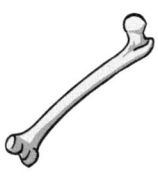

el hueso

bot

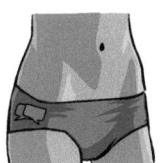

la cadera

heup

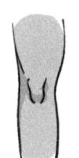

la rodilla

knie

el codo

elleboog

la nariz

neus

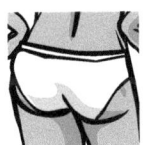

el trasero

achterwerk

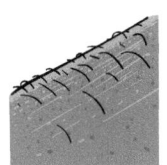

la piel

huid

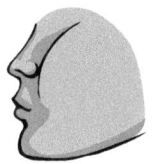

la mejilla

wang

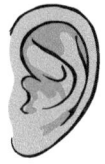

el oído

oor

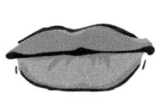

el labio

lippen

el cuerpo - lichaam

la boca

mond

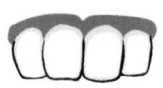

el diente

tand

la lengua

tong

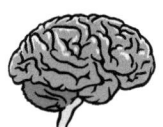

el cerebro

hersenen

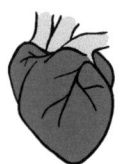

el corazón

hart

el músculo

spier

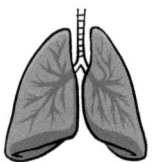

el pulmón

long

el hígado

lever

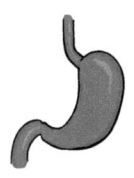

el estómago

maag

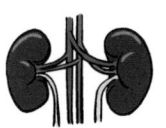

los riñones

nieren

el sexo

geslachtsgemeenschap

el condón

condoom

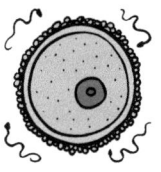

el ovario

eicel

el semen

sperma

el embarazo

zwangerschap

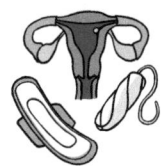

la menstruación

menstruatie

la vagina

vagina

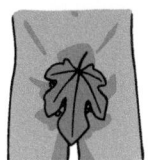

el pene

penis

la ceja

wenkbrauw

el pelo

haar

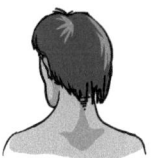

el cuello

hals

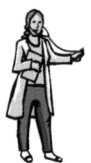

el hospital
ziekenhuis

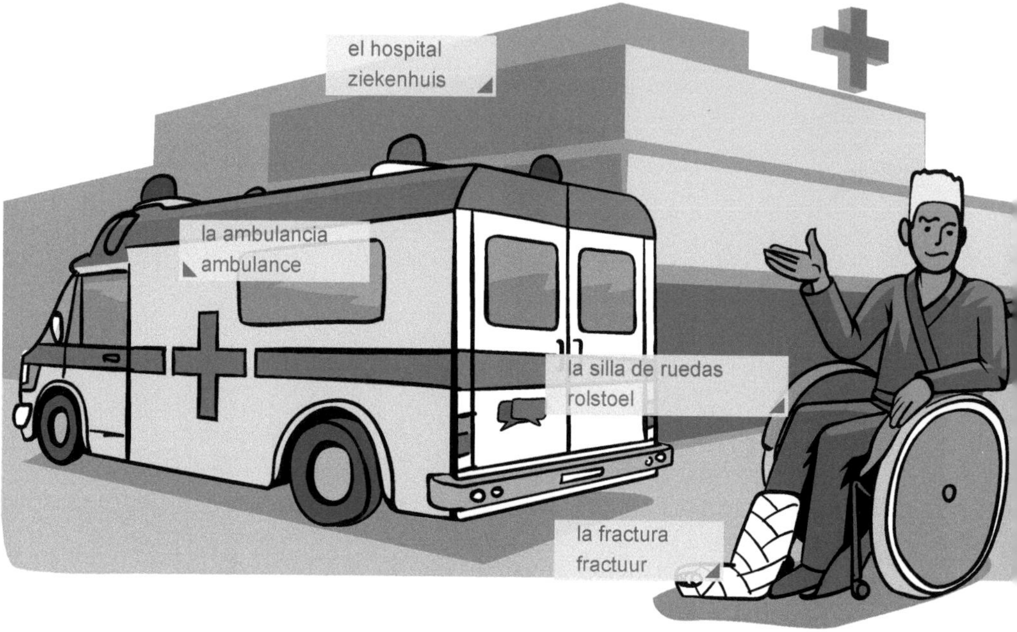

el hospital
ziekenhuis
la ambulancia
ambulance
la silla de ruedas
rolstoel
la fractura
fractuur

el médico

dokter

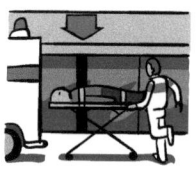

la sala de urgencias

EHBO

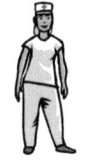

la enfermera

verpleegster

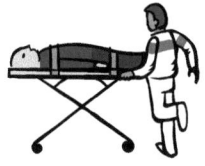

la urgencia

noodgeval

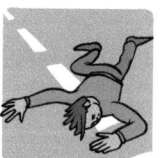

inconsciente

bewusteloos

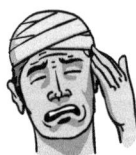

el dolor

pijn

	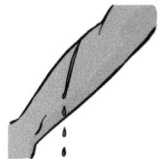	
la lesión	la hemorragia	el infarto
verwonding	bloeding	hartaanval

el ictus	la alergia	la tos
beroerte	allergie	hoest

la fiebre	la gripe	la diarrea
koorts	griep	diarree
		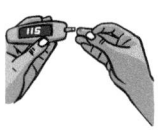
el dolor de cabeza	el cáncer	la diabetes
hoofdpijn	kanker	diabetes

el cirujano	el bisturí	la operación
chirurg	scalpel	operatie

TAC

CT

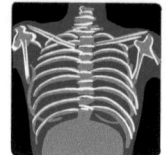

los rayos x

röntgen

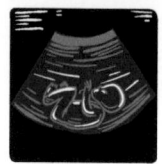

el ultrasonido

echografie

la mascarilla

gezichtsmasker

la enfermedad

ziekte

la sala de espera

wachtkamer

la muleta

kruk

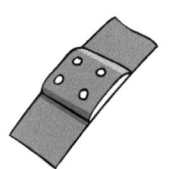

la tirita

pleister

la venda

verband

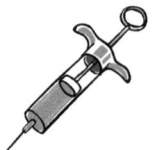

la inyección

injectie

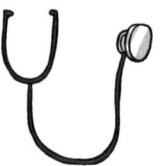

el estetoscopio

stethoscoop

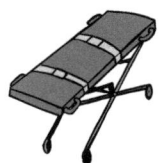

la camilla

brancard

el termómetro

thermometer

el nacimiento

geboorte

el sobrepeso

overgewicht

el audífono

gehoorapparaat

el desinfectante

ontsmettingsmiddel

la infección

infectie

el virus

virus

VIH / SIDA

HIV / AIDS

la medicina

medicijn

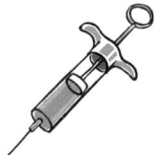

la vacunación

inenting

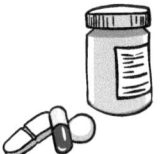

las tabletas

tabletten

la pastilla

pil

la llamada de urgencia

alarmnummer

el tensiómetro

bloeddrukmeter

enfermo / sano

ziek / gezond

¡Socorro!

Help!

la alarma

alarm

el asalto

overval

el ataque

aanval

el peligro

gevaar

la salida de emergencia

nooduitgang

¡Fuego!

Brand!

el extintor de incendios

brandblusser

el accidente

ongeluk

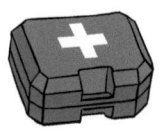

el botiquín de primeros auxilios

EHBO-koffer

SOS

SOS

la policía

politie

Europa

Europa

Norteamérica

Noord-Amerika

Sudamérica

Zuid-Amerika

África

Afrika

Asia

Azië

Australia

Australië

el atlántico

Atlantische Oceaan

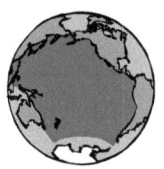

el Pacífico

Stille Oceaan

el Océano Índico

Indische Oceaan

el Océano Antártico

Zuidelijke Oceaan

el Océano Ártico

Noordelijke IJszee

el polo norte

Noordpool

el polo sur

Zuidpool

La Antártida

Antarctica

la tierra

aarde

la tierra

land

el mar

zee

la isla

eiland

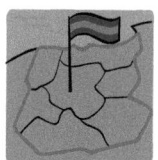

la nación

natie

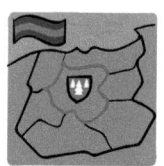

el estado

staat

la esfera

wijzerplaat

la manecilla de las horas

uurwijzer

el minutero

minutenwijzer

el segundero

secondewijzer

¿Qué hora es?

Hoe laat is het?

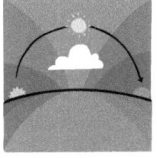

el día

dag

el tiempo

tijd

ahora

nu

el reloj digital

digitaal horloge

el minuto

minuut

la hora

uur

la semana

week

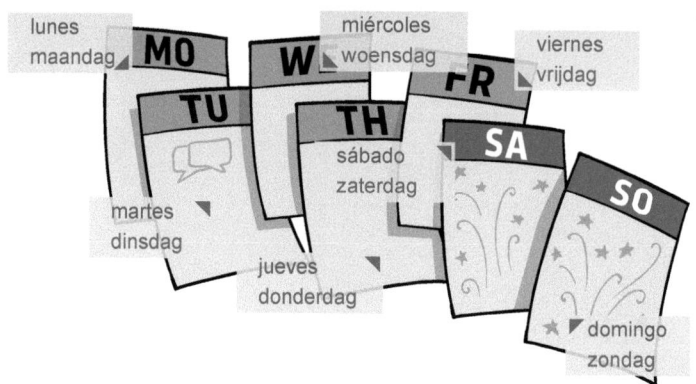

lunes
maandag

miércoles
woensdag

viernes
vrijdag

martes
dinsdag

sábado
zaterdag

jueves
donderdag

domingo
zondag

ayer

gisteren

hoy

vandaag

mañana

morgen

la mañana

ochtend

el mediodía

middag

la tarde

avond

MO	TU	WE	TH	FR	SA	SU
1	2	3	4	5	6	7
8	9	10	11	12	13	14
15	16	17	18	19	20	21
22	23	24	25	26	27	28
29	30	31	1	2	3	4

los días laborables

werkdagen

MO	TU	WE	TH	FR	SA	SU
1	2	3	4	5	6	7
8	9	10	11	12	13	14
15	16	17	18	19	20	21
22	23	24	25	26	27	28
29	30	31	1	2	3	4

el fin de semana

weekend

el año
jaar

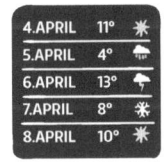

la lluvia
regen
el arcoíris
regenboog
la nieve
sneeuw
el viento
wind
la primavera
voorjaar
el otoño
herfst
el verano
zomer
el invierno
winter

4.APRIL 11°
5.APRIL 4°
6.APRIL 13°
7.APRIL 8°
8.APRIL 10°

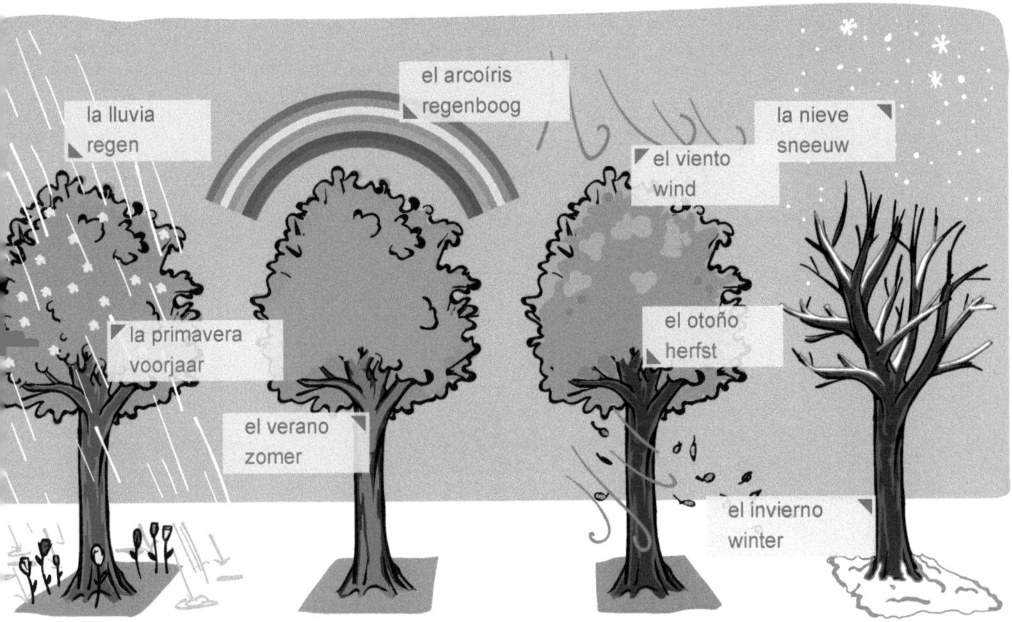

el pronóstico del tiempo

weerbericht

F C
120 40
90 30
60 20
30 10
0 0
-30 -10
-20

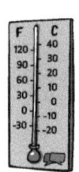

el termómetro

thermometer

el sol

zonneschijn

la nube

wolk

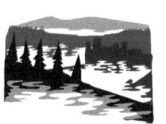

la niebla

mist

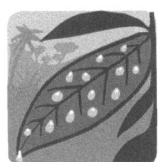

la humedad

luchtvochtigheid

el rayo

bliksem

el trueno

donder

la tormenta

storm

el granizo

hagel

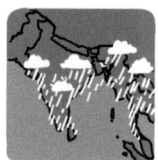

el monzón

moesson

la inundación

overstroming

el hielo

ijs

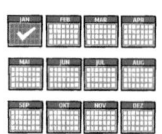

enero

januari

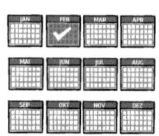

febrero

februari

marzo

maart

abril

april

mayo

mei

junio

juni

julio

juli

agosto

augustus

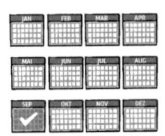

septiembre

september

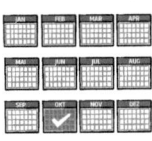

octubre

oktober

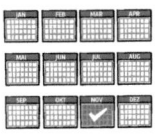

noviembre

november

diciembre

december

las formas
vormen

el círculo

cirkel

el cuadrado

vierkant

el rectángulo

rechthoek

el triángulo

driehoek

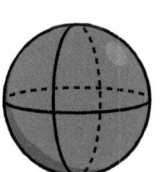

la esfera

bol

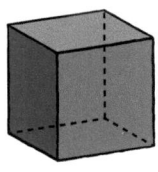

el cubo

kubus

blanco

wit

amarillo

geel

anaranjado

oranje

rosa

roze

rojo

rood

morado

paars

azul

blauw

verde

groen

marrón

bruin

gris

grijs

negro

zwart

mucho / poco

veel / weinig

enojado / tranquilo

boos / rustig

bonito / feo

mooi / lelijk

principio / fin

begin / einde

grande / pequeño

groot / klein

claro / oscuro

licht / donker

el hermano / la hermana

broer / zus

limpio / sucio

schoon / vies

completo / incompleto

volledig / onvolledig

el día / la noche

dag/ nacht

muerto / vivo

dood / levend

ancho / estrecho

breed / smal

comestible / no comestible

eetbaar / oneetbaar

malo / amable

gemeen / aardig

entusiasmado / aburrido

opgewonden / verveeld

gordo / delgado

dik / dun

primero / último

eerste / laatste

el amigo / el enemigo

vriend / vijand

lleno / vacío

vol / leeg

duro / blando

hard / zacht

pesado / ligero

zwaar / licht

el hambre / la sed

honger / dorst

enfermo / sano

ziek / gezond

ilegal / legal

illegaal / legaal

inteligente / tonto

intelligent / dom

izquierda / derecha

links / rechts

cerca / lejos

dichtbij / ver

nuevo / usado

nieuw / gebruikt

nada / algo

niets / iets

viejo / joven

oud / jong

encendido / apagado

aan / uit

abierto / cerrado

open / gesloten

silencioso / ruidoso

zacht / luid

rico / pobre

rijk / arm

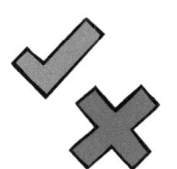

correcto / incorrecto

goed / fout

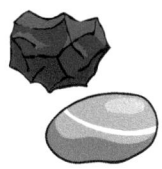

áspero / suave

ruw / glad

triste / contento

verdrietig / gelukkig

corto / largo

kort / lang

lento / rápido

langzaam / snel

húmedo / seco

nat / droog

cálido / frío

warm / koel

guerra / paz

oorlog / vrede

los números
getallen

0
cero
nul

1
uno
één

2
dos
twee

3
tres
drie

4
cuatro
vier

5
cinco
vijf

6
seis
zes

7
siete
zeven

8
ocho
acht

9
nueve
negen

10
diez
tien

11
once
elf

12	**13**	**14**
doce	trece	catorce
twaalf	dertien	veertien

15	**16**	**17**
quince	dieciséis	diecisiete
vijftien	zestien	zeventien

18	**19**	**20**
dieciocho	diecinueve	veinte
achttien	negentien	twintig

100	**1.000**	**1.000.000**
cien	mil	el millón
honderd	duizend	miljoen

los idiomas
talen

el inglés

Engels

el inglés americano

Amerikaans Engels

el chino madarín

Chinees Mandarijn

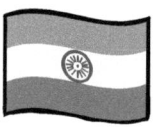

el hindi

Hindi

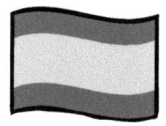

el español

Spaans

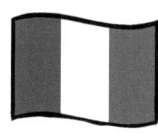

el francés

Frans

el árabe

Arabisch

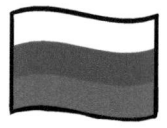

el ruso

Russisch

el portugués

Portugees

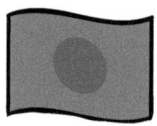

el bengalí

Bengalees

el alemán

Duits

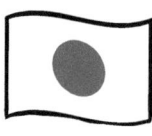

el japonés

Japans

yo

ik

tú

jij

él / ella / ello

hij / zij / het

nosotros/as

wij

vosotros/as

jullie

ellos/as

zij

¿quién?

wie?

¿qué?

wat?

¿cómo?

hoe?

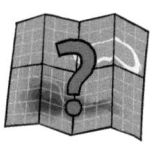

¿dónde?

waar?

¿cuándo?

wanneer?

el nombre

naam

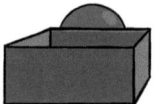

detrás

achter

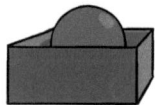

en

in

delante de

voor

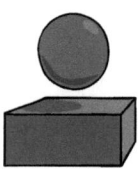

por encima de

boven

sobre

op

debajo de

onder

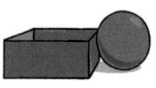

junto a

naast

entre

tussen

el lugar

plaats